~ Für Ihr Heim ~

BADEZIMMER

~ Für Ihr Heim ~

BADEZIMMER

BARBARA B. BUCHHOLZ

Mundus Verlag

Widmung

Für Ed, Joanna, und Lucy

Herausgeber: Kelly Mathews
Künstlerische Gestaltung: Jeff Batzli
Design: Lynne Yeamans
Photographische Zusammenstellung: Christopher C. Bain
Herstellunnsleitung: Karen Matsu Greenberg
Übersetzung: The Language Center, New York
U. Dorda & M. Rice (Lektor)
Redaktion: Millium Media Management Co., Michigan
(Deutsche Übertragung)
Gesamtherstellung: Friedman/Fairfax Publishers, New York

ISBN 3-88385-033-0

Inhaltsverzeichnis

Einleitung 6

Kleine Räume 12

Stil 26

Farbe Hinzufügen 46

Der Kurort Im Eigenen Haus 58

Quellennachweis 70

Index 72

Einleitung

Fragen Sie die meisten Hausbesitzer, welcher Raum an der Spitze ihrer Dekorierungs- und Renovierungswunschliste steht, dann werden sie oft das Badezimmer nennen, den funktionellsten und persönlichsten Raum eines Eigenheims oder einer Wohnung.

Ein Teil dieses Dranges basiert auf reiner Ökonomie. Anders als das Hinzufügen eines Swimming pools oder die Umwandlung des Kellers in ein Freizeit-Center bringt ein neugestaltetes Badezimmer einen der größten Gewinne für das investierte Geld.

Aber Geld ist nur ein Teil der Erklärung. Unsere Faszination mit dem Aufputzen und Neumodellieren von Badezimmern hängt zum Teil auch mit der relativen "Jugend" dieses Raumes als eines voll anerkannten Mitglieds in dem Layout des typischen Eigenheims zusammen. Das Badezimmer ist Neu in der Klasse. Als ein Ort im Haus, der aus einem Waschbecken, einer Badewanne und einer Toilette besteht, gibt es ihn seit weniger als einhundert Jahren.

Während des größten Teils der Vergangenheit konnten selbst vornehme Leute nur unter zwei weniger als idealen Möglichkeiten wählen: Da es in den Häusern keine Wasserleitungen gab, konnten sie eine Außentoilette oder einen Nachttopf benutzen. Um sich zu reinigen, gingen sie oft in ihr öffentliches Badehaus vor Ort, wo sie mit anderen badeten, wenn auch in manchmal luxuriösen Umgebungen.

Das erste amerikanische Waschbecken, dessen Vorgänger ein Krug und eine Schüssel gewesen waren, die auf einem Waschständer standen, stammt aus der Mitte des 19. Jahrhunderts, als Abwasserkanalisationen installiert und fließendes Wasser in den Häusern möglich wurde. Der

Gegenüberliegende Seite: IN NEUTRALE HELLE FARBTÖNE GEBADET, HAT DIESES MODERNE BADEZIMMER DAS VERFEINERTE AUSSEHEN, DAS WOHLTUEND FÜR DAS AUGE IST. SPIEGEL AUF DEN MEDIZINSCHRÄNKCHEN, DIE AN HALBMONDE ERINNERN, SIND EINE WILLKOMMENE ÜBERRASCHUNG UND GEBEN DEM GANZEN RAUM EINEN FRISCHEN, ORIGINELLEN LOOK. **Oben:** UM EIN KÜHNES MODERNES FLAIR ZU ERREICHEN, WURDE EIN KANTIGER WASCHTISCH AUS ROSTFREIEM EDELSTAHL GEGEN EINE WAND AUS GLASBAUSTEINEN GESTELLT UND MIT EINEM LANGHALSIGEN WASSERHAHN AUSGESTATTET,WAS AN DIE GLÄTTE EINES LABORATORIUMS ERINNERT. FRISCHE SCHNITTBLUMEN MILDERN DAS REIN SACHLICHE—ABER NUR EIN BISSCHEN.

Ruhm für diesen Fortschritt gebührt dem Architekten John Notman aus Philadelphia, der über eine hydraulische Rampe ein Haus mit Wasser versorgte. John Michael Kohler, Gründer des großen Installationsfirmenkonglomerats Kohler Co., verkaufte 1883 seine erste Badewanne an einen Farmer. Und 1907 war Eljer Plumbingware Co. die erste amerikanische Firma, die eine Tank-Toilette aus Fritten-Porzellan vorstellte.

Aber es geschah nicht bis später im 20. Jahrhundert, daß das Badezimmer mit allen drei Installationsteilen in das typische Haus integriert worden war. Solch ein Raum war normalerweise recht klein. Am Anfang wurde nicht viel Wert darauf gelegt, diese Installationsteile in einer über das allerzweckgebundenste Maß hinaus herauszustellen.

Die Idee, einem Badezimmer einen bestimmten Stil und all die Verzierungen der anderen Zimmer zu geben, tauchte nicht vor den zwanziger und dreißiger Jahren auf, als eine solche Art des Dekorierens von den Reichen vorgenommen wurde, von denen viele von den großen, betörenden Badezimmern, die Hollywood-Produzenten in ihren Filmen zeigten, gefesselt waren. Jahrzehnte später, nach dem Zweiten Weltkrieg und als die Vorstädte sich landesweit entfalteten, begann ein großer Teil der Bevölkerung sich der Annehmlichkeiten des Badezimmers zu erfreuen. Die wachsende Nachfrage führte zu Innovationen. 1968 stellte der Erfinder Roy Jacuzzi seine inzwischen berühmte Wanne mit Wasserdüsen vor, worauf eine Welle von größeren und kleineren Whirlpool-Badewannen folgte.

Die Fitneß- und Gesundheitsmanie der letzten beiden Jahrzehnte ist ein anderes Element, das eine große Zahl von Hausbesitzern dazu bewogen hat, ihre Badezimmer neu zu gestalten. Dieser Trend hat eine Nachfrage nach ansprechenden Orten geschaffen, in denen man sich nach einem Workout säubert, und dies insbesondere unter Erwachsenen, die ein großes Badezimmer haben, das sich dazu eignet, in ein Refugium umgewandelt zu werden, wo man sich selbst verwöhnt.

Für diese Räume haben die Hersteller von Duschen die Whirlpool-Designer kopiert und größere und extravagantere Duschkabinen mit einer Reihe verschiedener Brausenköpfe, Körpersprays und Brausen vorgestellt. Solche Duschen sind oft von einem skulpturhaften Glaswanddesign umgeben, um das Gefühl zu vermitteln, daß man im Freien dusche. Das Ergebnis ist ein therapeutisches Entspannungszentrum.

Einige Hausbesitzer sind auch dazu gekommen, es zu bevorzugen, Installationsteile mehrfach einzusetzen. Die Vorteile dessen hatten sie bereits in ihren wohlausgestatteten Küchen entdeckt. Das Ziel ist nicht viel anders: es zwei Personen zu gestatten, den Raum gleichzeitig zu benutzen.

Die aufwendigsten dieser Beispiele sind einem voll möblierten Zimmer von normaler Größe vergleichbar. Sie enthalten Trainingsgeräte, bequeme Sitzgelegenheiten, gute natürliche und künstliche Beleuchtung, große Fenster, reichlich Aufbewahrungsraum in Medizinschränkchen, unter den Waschtischen und in Wandschränken, dazu solche Annehmlichkeiten wie beheizbare Handtuchhalter, Telefone, Fernseher, Stereosysteme und Spiegel, die nicht beschlagen.

Links: AUCH WENN KACHELN ZU DEN IN BADEZIMMERN AM HÄUFIGSTEN VERWENDETEN MATERIALIEN GEHÖREN, HABEN SIE DIE FÄHIGKEIT, DESIGNS ZU SCHAFFEN, DIE WEIT ENTFERNT VON DEN HERKÖMMLICHEN SIND. HIER BRINGEN EIN DURCHEINANDER VON KACHELN SCHWUNG IN EINE GÄSTETOILETTE—TROTZ IHRER GEDÄMPFTEN FARBPALETTE. DREI VERSCHIEDENE ARTEN VON GEFORMTEN RANDKACHELN VERLEIHEN TIEFE UND TEXTUR, WÄHREND SIE DIE KONTUR DES WASCHTISCHES UND DES ÜBERHANGS UMREISSEN. GRÖSSERE KACHELN—EINIGE GERADE VON OBEN NACH UNTEN, DIE ANDEREN DIAGONAL VERLEGT—BEDECKEN DIE RESTLICHE FLÄCHE, UND IHRE VERSCHIEDENEN FARBTÖNE UND UNTERSCHIEDLICHEN POSITIONEN ENTZIEHEN SICH ALLER VORAUSSAGBARKEIT.

Aber die großen Badezimmer sind nicht die einzigen, die hergerichtet werden sollen. Weniger private Badezimmer, wie die Gästetoilette (die sich oftmals in der Nähe des Eingangs oder der Küche oder in einem Bereich, der für das Ablegen nasser Kleidung und schmutziger Schuhe vorgesehen ist, befindet), Kinderbadezimmer und Gästebadezimmer sind ihnen gefolgt. Selbst neue Arten von Badezimmern sind aufgetaucht, wie zum Beispiel Baderäume im Freien, die aus einer Dusche bestehen, um sich Sand und Schmutz abzuwaschen, - und gelegentlich auch einer Sitzbadewanne.

Oben: MIT HILFE VON TROMPE L'OEIL-TAPETEN WURDE DIESE CHARMANTE GÄSTETOILETTE SO ENTWORFEN, DASS SIE WIE EINE BÜCHERSTUBE AUSSIEHT, IN DER MAN VERWEILEN MÖCHTE. ZUSAMMEN MIT DEM BALLONROLLO AUS TAFT UND EINEM ANTIKEN HOCKER VERLEIHEN DIE ANGEDEUTETEN, IN LEDER GEBUNDENEN BÄNDE DEM RAUM EIN ALTMODISCHES FLAIR.

Hersteller haben aus dem Interesse der Leute, Badezimmer zu dekorieren, Nutzen gezogen, indem sie Installationsteile, Kacheln, Tapeten und Bodenbeläge in einer Überfülle von Stilrichtungen, Größen und Farben anbieten. Sie liefern selbst solche Accessoirs wie Seifenschalen, Zahnbürstenhalter, Papierkörbe, Haken und Waagen in einer großen Vielzahl von Formgebungen.

Viele der Materialien, Muster und Farben wurden durch Trends im Zusammenhang mit anderen Einrichtungsgegenständen in den Wohnungen beeinflußt. Als in den siebziger Jahren der knappe industrielle Look Einzug hielt, fingen Krankenhaus-Desinfizierungswaschbecken, Ablageflächen aus rostfreiem Stahl und Schränke, wie sie in einer Arztpraxis zu finden sind, an, in den Badezimmer aufzutauchen. Als in den achtziger Jahren das Interesse an dem Fernen Osten Gestalt annahm, wurden in den vom Fernen Osten inspirierten Badezimmern Teak-Wannen im japanischen Stil [sog. Oforu] ein Muß.

Heute geht der Trend nicht in Richtung eines einzigen Looks, sondern in Richtung von Designs, die mit dem Dekor der restlichen Wohnung etwas gemeinsam haben. Badezimmer sind ihrem Stil, ihrer Stimmung und ihrer Größe nach genauso vielfältig geworden, wie jeder andere Raum in einer Wohnung. Einige sind recht elegant, haben Marmorböden und antike Spiegel, die mit den prächtigsten römischen Bädern konkurieren könnten, andere sind mit ihren krayonfarbenen Wasserhähnen und einem Regenbogen von veschiedenfarbigen Kacheln, die Boden und Wände bedecken, ausgesprochen zeitgenössisch und "wild".

Wieder andere Badezimmer spiegeln ihre Umgebung oder die Interessen des Besitzers wieder. Ein Badezimmer in einem Strandhaus hat vielleicht Kacheln mit einem Muschelmotiv, stets sonnig-gelbe Handtücher und Seifen in Form von Fischen. Das Badezimmer eines kleinen Kindes mag kleinere Installationsteile haben, dazu Tapetenränder, die es lehren, Buchstaben zu erkennen oder zu zählen. Und das Badezimmer eines Pflanzenliebhabers beherbergt eventuell einen Wintergarten mit Blattpflanzen, denn die Feuchtigkeit hilft gewissen Arten, wie zum Beispiel Farnen, sich zu entfalten.

Doch nicht alle Badezimmer sind groß und erlesen. Einige sind in der Tat recht klein - fast so winzig wie diejenigen in Flugzeugen oder Zügen. Oftmals werden sie mit Hilfe von Spiegeln an den Wänden und Decken so hergerichtet, daß sie größer erscheinen.

Dank der vielen neuen und erschwinglichen Hilfsquellen wie der Design- und Haushaltswaren-Zentren in der Nachbarschaft, der Versandhauskataloge für Einrichtungsgegenstände und der Gebrauchtwarenhandlungen kann das Dekorieren eines Badezimmers dieser Tage recht leicht sein. Man kann die perfekte antike Wanne mit Tatzenfüßen und ein Waschbecken, das sich in einem Sockel befindet, für einen Bruchteil des ursprünglichen Wertes finden, weil irgenwer entschieden hat, daß er eine computerprogrammierte Whirlpool-Wanne haben muß, die es ihm erlaubt, das Badewasser anzudrehen, während er noch in seinem Büro sitzt.

Auch wenn die Neugestaltung eines Badezimmers das Budget vieler Familien überschreiten mag, so braucht dieser Prozeß keineswegs teuer zu sein. Das Geheimnis ist, daß man sich Prioritäten setzt: entscheidet, was man wiederverwenden kann, wessen man sich entledigen sollte und welche neuen Eigenschaften und Installationsteile man als am wichtigsten erachtet.

Kleine Räume

Nicht alle Badezimmer sind groß und ultraluxuriös geworden. In der Tat ist das kleine Badezimmer aufgrund von räumlicher Beschränkungen in vielen Wohnungen weiterhin eine Notwendigkeit. Aufgrund der kleinen Flächen dieser Räume ist oftmals eine Menge Vorstellungskraft nötig, um all die grundlegenden Eigenschaften zu inkorporieren und diese Räume größer und ansprechender erscheinen zu lassen. Die Herausforderung wird sogar noch größer, wenn Decken aufgrund eines schräg abfallenden Daches angewinkelt sind oder wenn Wände vorspringen und Winkel und Ecken verursachen, auch wenn mit solch architektonischen Elementen gespielt werden kann, um dem ganzen Charme und etwas wunderliche Fantasie beizufügen.

Die kleinste Form dieser Einrichtungen ist traditionellerweise die Toilette bzw. die Gästetoilette, die keine Badewanne hat und deshalb auch ein halbes Bad genannt wird. Solche Räume werden gelegentlich in ehemaligen *Closets* [begehbaren "Schränken"] oder Raum, der anderen Zimmern abgewonnen wurde, untergebracht. Oftmals sind das Waschbecken und die Toilette maßstabgerecht verkleinert worden, damit sie in den kompakten Raum passen. Daß diese Räume so klein sind, braucht aber nicht zu bedeuten, daß sie auf irgendeine Weise weniger attraktiv sein müßten als ihre größeren Gegenstücke. In der Tat zeigen viele einen unheimlichen Einfallsreichtum. Und sie kommen in allen möglichen Stilen, vom Zwanglosen zum Aufgeputzten, je nachdem wo sie sich in der Wohnung befinden und wie deren Dekor aussieht.

Diese Toiletten, die sich in der Nähe des Eingangs befinden, weisen oftmals ausgefallene Anstriche oder Tapeten wie auch elegante Marmor- oder Holzfußböden auf. Kleine Toiletten in der Nähe der Küche, des hinteren Eingangs oder des Aufenthaltsraums der Familie werden jedoch oftmals so entworfen, daß sie stärkerer Abnutzung standhalten, weswegen sie gewöhnlich eher Fußböden, Wandbehandlungen und Accessoirs aufweisen, die ihrer Natur nach praktischer sind.

Gegenüberliegende Seite: EINGERAHMTE SCHWARZ/WEISS-FOTOS BERÜHMTER LEUTE AKZENTUIEREN DIE WAND DER GÄSTETOILETTE EINES FILMFANS. EIN GROSSER SPIEGEL DUPLIZIERT BILDER, DIE EINEM ANS HERZ GEWACHSEN SIND, UND ERWEITERT DEN KLEINEN RAUM. **Oben:** DAS GEFÜHL EINES GARTENS ERWECKEND, SIND DIE WÄNDE DIESES BADEZIMMERS SO GESTRICHEN, DASS SIE STEINBLÖCKEN ÄHNELN, DIE DANN MIT AUFGEMALTEN, SICH AUFRANKENDEN KLETTERPFLANZEN UND BLÜTEN AKZENTUIERT WURDEN. CAFÉ-VORHÄNGE MIT EINEM ÄHNLICHEN BLUMENMOTIV, EIN KORB MIT EINEM GROSSEN ARRANGEMENT GETROCKNETER PFLANZEN UND EIN GERAHMTER BOTANISCHER DRUCK TRAGEN ZU EINEM LÄNDLICHEN FLAIR BEI. DURCH DIESES LETZTE HANDANLEGEN WIRD DIESEM IN ERSTER LINIE MONOCHROMATISCHEN RAUM ETWAS BESÄNFTIGENDE FARBE HINZUGEFÜGT.

Links: DIESE ANTIKE SCHÜSSEL AUS ROSTFREIEM STAHL, DIE EINEN EHER ÄSTHETISCHEN ALS MONETÄREN WERT HAT, HAT IN EINER GÄSTETOILETTE EIN NEUES LEBEN ALS WASCHBECKEN ANGENOMMEN. ZUSAMMEN MIT DEM AUFFALLEND MODERNEN WASSERHAHN IST DIE SCHÜSSEL, DIE AUF EINEM ALTEN HOLZTISCH STEHT, TEIL EINER EKLEKTISCHEN MISCHUNG, DIE EIN ATTRAKTIVES DREIDIMENSIONALES STILLEBEN ERGIBT.

Gegenüberliegende Seite: EIN GEKURVTES KABINETT AUS AHORN WURDE ZU EINEM KUNSTWERK ERHOBEN, ALS SEINE VORDERSEITE MIT EINEM NEOROMANISCHEN GARTEN-DESIGN BEMALT WURDE. DIE MARMORABLAGE UND DER DAHINTERLIEGENDE SPRITZSCHUTZ AUS MARMOR NEHMEN DEN TIEFEN GRAUGRÜNEN TON [DER MALEREI] WIEDER AUF, DER SICH AUCH IN DEM MIT BLÄTTERN BEMALTEN RAHMEN DES SPIEGELS WIEDERFINDET.

Gegenüberliegende Seite: INDEM EIN KLEINES WASCHBECKEN IN EINER ECKE UNTERGEBRACHT WURDE, GELANG ES DEN BESITZERN DIESER EINLADENDEN TOILETTE BEIM FOYER GERADE NOCH, EINE TOILETTE IN DEN KOMPAKTEN RAUM UNTERZUBRINGEN. ARMATUREN AUS MESSING, VERGOLDETE RAHMEN UND DER GELBLICHE HINTERGRUND AUF DER MIT BLÜTEN ÜBERSÄTEN TAPETE UND DER PASSENDEN WASCHBECKENUMKLEIDUNG WERFEN GOLDENE WÄRME AUF DIESEN BEREICH. DURCH EINEN KLASSISCHEN KERZENHALTER AUS MESSING UND EIN KLEINES BOUQUET FRISCHER SCHNITTBLUMEN AKZENTUIERT, HAT DER RAUM EIN FAST ROMANTISCHES GEFÜHL. **Links oben:** MANCHMAL BESTEHT EIN "BADEZIMMER" NUR AUS EINEM WASCHBECKEN IM KORRIDOR, WIE HIER IN EINEM ALKOVEN NEBEN EINEM SCHLAFZIMMER. EIN ALTER, WEISS GESTRICHENER TISCH ERHIELT EINE NEUE TISCHPLATTE, IN DIE EINE EINFACHE WEISSE SCHÜSSEL EINGESETZT WURDE. EIN HANDTUCH MIT MONOGRAMM, EIN ALTMODISCHER HANDTUCHHAKEN, EIN GROSSER SPIEGEL UND EINE VASE, DIE DAS GANZE JAHR HINDURCH MIT BLUMEN GEFÜLLT IST, VERSCHÖNERN DEN IKONOKLASTISCHEN AUFBAU. **Rechts oben:** IN SEINER ZUSAMMENSTELLUNG UNORTHODOX, WIDERSETZT SICH DIESER WASCHRAUM ALLEN KONVENTIONEN. DIE SEITENSPIEGEL VON EINEM LASTWAGEN SCHREIEN 'MODERNE GESELLSCHAFT', WÄHREND DER SCHMUCKREICHE KRISTALLLEUCHTER IN EINE FRÜHERE ZEIT ZURÜCKLAUSCHT. DAS WASCHBECKEN BESTEHT AUS EINER GROSSEN, WEISSEN PORZELLANSCHÜSSEL UND IST AUF EINE MARMORABLAGE MONTIERT UND NICHT IN DIESE VERSENKT, WAS AUCH EINER UNGEWÖHNLICHEN WENDUNG ENTSPRICHT. DIE WÄNDE UND BODEN WURDEN ABSICHTLICH ALS EINE MONOCHROMATISCHE FLÄCHE BELASSEN, UM NICHT GEGEN DIE EINMALIGE KOLLEKTION DER INSTALLATIONSGEGENSTÄNDE UND DEKORATIVEN OBJEKTE ZU INTERFERIEREN.

Oben: INDEM SIE FÜR REINLICHKEIT UND FRISCHE STEHT, SCHAFFT DIE FARBE WEISS IN DIESER KLEINEN HOLZGETÄFELTEN TOILETTE EINE GESUNDE ATMOSPHÄRE. GRAZIÖSE TRÄGER, DIE AN GARTENLATTENWERK ERINNERN, TRAGEN FERNER ZU DEM NATÜRLICHEN FLAIR DES RAUMES BEI, WÄHREND SIE GLEICHZEITIG EINEM HÖCHST FUNKTIONALEN ZWECK DIENEN, INDEM SIE NÖTIGE FÄCHER STÜTZEN. EINE SAMMLUNG ALTER BLAUER UND GRÜNER FLASCHEN, DIE IN IRGENDWELCHEN KRIMSKRAMSLÄDEN IN IRGENWO-NIRGENDWO GEFUNDEN WURDEN, BEFINDEN SICH AUF EINEM DIESER FÄCHER UND FÜGEN DER UMGEBUNG EINEN SANFTEN FARBSPRITZER HINZU. **Gegenüberliegende Seite:** VON EINEM SINN VON NOSTALGIE ERFÜLLT, ZEIGT DIESER BEMERKENSWERTE WASCHRAUM, DER AUS DER ECKE EINES SCHLAFZIMMERS HERAUSGESCHNITTEN WURDE, STOLZ EINE PORZELLANSCHÜSSEL UND EINEN KRUG AUF EINEM GESTRICHENEN HOLZKABINETT. FRÖHLICHER, BLAU/WEISS-GESTREIFTER DRILLICH BEDECKT DEN UNTEREN TEIL DES KABINETTS UND VERLEIHT DEM RAUM DAS GANZE JAHR HINDURCH EIN SOMMERLICHES GEFÜHL. STREIFEN IN EINEM DUNKLEREN BLAU UND WEISS FLANKIEREN DEN GANZFIGURSPIEGEL UND ZIEREN DEN VORLEGER, DER AN KALTEN MORGEN DEN BLOSSEN FÜSSEN WOHLTUT. EIN FRIES VON EINEM EINGERISSENEN GEBÄUDE ÜBER DEM SPIEGEL VERLEIHT DEM GANZEN ETWAS ÜBERLEBENSGROSSES.

Unten: IN DIESER WINZIGEN TOILETTE UNTER DEM DACH WURDE EIN ALTES HOLZSCHRÄNKCHEN SO HERGERICHTET, DASS EIN WASCHBECKEN DARIN PLATZ HAT, UND DANN MIT EINER STEINPLATTE BEDECKT, VON DER EIN KLEINERES STÜCK OBEN AUF DER ABLAGE AUFLIEGT. DIE ZWANGLOSE STIMMUNG DES RAUMS WURDE DURCH DIE VERWENDUNG EINES EINFACHEN, ALTEN, HÖLZERNEN MEDIZINSCHRÄNKCHENS, TERRAKOOTA-BODENFLIESEN UND BLASSEN FARBTÖNEN AN DEN WÄNDEN AUSGESPIELT. EINE GRÜNE LINIE, DIE DIE WAND ENTLANGLÄUFT, DUPLIZIERT DIE NEIGUNG DES DACHES.

Gegenüberliegende Seite: EINE SCHMALE TOILETTE MIT FLIESEN IM STIL DER FÜNFZIGER JAHRE WURDE MIT GERINGSTEN BEMÜHUNGEN UND OHNE TEURE ARCHITEKTONISCHEN ÄNDERUNGEN HERAUSGEPUTZT, INDEM DEM RAUM EINIGE ANSEHNLICHE, DOCH EINFACHE DINGE HINZUGEFÜGT WURDEN: EIN SCHNEEWEISSES SOCKELWASCHBECKEN MIT SEITENABLAGEN UND JE EINEM HANDTUCHHALTER AN BEIDEN SEITEN, EIN GROSSER SPIEGEL MIT EINEM AUSGEFALLENEN VERSCHNÖRKELTEN DESIGN, EIN ÜBERGROSSER DRAHTPAPIERKORB UND EIN RATTANTISCH, DER ALS ABLAGE FÜR EXTRA HANDTÜCHER UND FRISCHE SCHNITTBLUMEN DIENT. STERNENÄHNLICHE AKZENTE AUF DEM FUSSBODEN BELEBEN DEN RAUM. **Oben:** ANSTELLE DIE GIEBELARTIG STEIL ANSTEIGENDE DECKE DIESES BADEZIMMERS ZU IGNORIEREN, HAT DER DESIGNER SIE ZU SEINEM VORTEIL VERWENDET, INDEM ER EINEN RIESIGEN GEOMETRISCHEN SPIEGEL ANBRACHTE, DER FAST DIE GANZE WAND EINNIMMT.

Links oben: DIESER WASCHRAUM AUF DER SEITE EINES EINGANGSFOYERS WIRD MIT ALL SEINEM GLANZ UND SCHEIN GÄSTE VERBLÜFFEN. ÜBERFLUSS VERSTRÖMEND, SITZT EINE ABLAGEFLÄCHE AUS SCHWARZEM MARMOR GERADEZU KÖNIGLICH AUF EINEM REICH GETÖNTEN MAHAGONIKABINETT AUF UND HÄLT AUF GRAZIÖSE WEISE EIN GOLDFARBENES WASCHBECKEN. MIT MESSING- UND KRISTALLIARMATUREN AUSGESTATTET, LÄSST DAS GLÄNZENDE WASCHBECKEN DAS HÄNDEWASCHEN ALS EINE DEKADENT LUXURIÖSE ANGELEGENHEIT ERSCHEINEN. EIN BLATTVERGOLDETER SPIEGEL, DER VON ELEGANTEN WANDLEUCHTEN FLANKIERT WIRD, LOCKT DEN BESUCHER AN, SICH FEINZUMACHEN, INDEM ER EINEN FESSELNDEN RAHMEN FÜR DAS BILD ERSTELLT, DAS ER WIDERSPIEGELT. **Rechts oben:** DIESE KLEINE GÄSTETOILETTE ERHÄLT IHREN BESONDEREN ANREIZ DURCH DIE KOMBINATION VON DETAILS: EIN IDENTISCHES PAAR ALTMODISCHER RAHMEN AUS HOLZ UND ZINN, EIN NIEDRIGER SPRITZSCHUTZ AUS DREIECKIGEN UND KAROFÖRMIGEN KACHELN IN DEN FARBTÖNEN ROSA UND GRAU UND EINE ANTIKE JAPANISCHE SCHÜSSEL, DIE DIE STELLE EINER TRADITIONELLEN WASCHSCHÜSSEL ÜBERNIMMT. DAS DREIECKIGE DESIGN DER ABLAGEFLÄCHE, DAS SICH IN DEN ROSA KACHELN WIEDERHOLT, IST EIN EFFEKTIVER PLATZSPARER. **Gegenüberliegende Seite:** EIN ALTES POSTAMENT MIT TIEFEN EINSCHNITTEN UND RELIEFS WURDE HIER IN EINEN INNOVATIVEN WASCHTISCH UMGEWANDELT, ÜBER DEN DIE GÄSTE LANGE REDEN WERDEN. EIN HOHER SCHWANENHALSFÖRMIGER WASSERHAHN, DER VON EINEM KRANKENHAUSZULIEFERER STAMMT, VERLÄNGERT DIE WIRKUNG DES WASCHBECKENS, WAS DEN RESTLICHEN RAUM GRÖSSER ERSCHEINEN LÄSST. DIESE RÄUMLICHE ILLUSION WIRD WEITER DURCH EINEN GANZFIGURENSPIEGEL HINTER DEM WASCHBECKEN GESTEIGERT. DIE WÄNDE UND DIE DECKE SIND MIT PANEELEN AUS MAHAGONI VERKLEIDET UND UMHÜLLEN DEN RAUM MIT EINEM MAJESTÄTISCHEN GEFÜHL.

VENICE
COLOR

Gegenüberliegende Seite: AUCH WENN DIESES BADEZIMMER IN EINER ETAGEN-WOHNUNG KLEIN IST, SO ERHIELT ES EINE ELEGANTE RENOVIERUNG. EIN KLEINER ORIENTTEPPICH WURDE AUF DEN URSPRÜNGLICHEN VINYLBODEN GELEGT, EIN VON DER GOTIK INSPIRIERTER STUHL MIT EINEM KUNSTVOLLEN BEZUG WURDE ZUM SCHMINKEN HEREINGEBRACHT, UND EIN SCHMALES REGAL WURDE IN EINE ECKE GESTECKT, UM GERNE GESEHENE FOTOS UND LESEMATE-RIALIEN ZUR HAND ZU HABEN. KLEINE FOTOS VON BERÜHMTEN STATUEN SIND KUNSTVOLL ÜBER DEN GANZEN RAUM VERSTREUT, WODURCH DIESER ZU EINER ART GALLERIE TRANSFORMIERT WIRD. **Rechts:** KRAFTVOLLE ROTE BLUMEN VOR EINEM SCHWARZEN HINTERGRUND STOLZ PRÄSENTIE-REND, GIBT DIE TAPETE IN DIESER REICH GESCHMÜCKTEN TOILETTE EINE DRAMATISCHE AUSSAGE AB. NICHT MINDER DRAMATISCH SIND DER REICH GESCHNITZTE GOLDENE SPIEGEL UND DER KUNSTVOLL GEARBEITETE KRISTALLENE KRONLEUCHTER, DER DEM KLEINEN RAUM DAS GEFÜHL EINER FÜRSTENRESIDENZ VERLEIHT.

Stilrichtungen

Die Stilrichtungen von Badezimmern variieren außerordentlich. Es gibt solche, die an eine bestimmte Periode erinnern und die Installationsteile integrieren, die aus einem gewissen Land oder einer gewissen Zeit stammen. Zeitgenössische Räume werden unter Hinzufügung antiker Tatzenfußwannen und Waschtische auf alt getrimmt. Und ultramoderne Designs präsentieren sich stolz mit bildhauerischen, durchsichtigen Duschen, Podest-Badewannen, eleganten Modernisierungen der traditionellen Sockelwaschbecken und Glaswänden, die sich nach draußen öffnen.

Der gewählte Stil spiegelt oftmals das Dekor des restlichen Hauses oder der Wohnung wider, auch wenn es keine Daumenregel gibt, die besagte, daß ein französisches oder ein englisches Landhaus stilistisch ähnliche Badezimmer haben müßten. In der Tat ist es oft aufregender, ein Überraschungselement vorzustellen und ein Potpourri von Geschmacksrichtungen zu schaffen. Heutzutage manifestieren viele der Räume in einem Haus oder einer Wohnung eine Mischung der Traditionen, und das Badezimmer ist da keine Ausnahme. Eine alte Tatzenfußbadewanne, die zum Beispiel in die Mitte eines hochmodernen Raumes gestellt wird, kann eine dynamische Wirkung ausüben.

Ein wichtiges Kriterium, das zu beachten ist, ist jedoch, daß es eine gewisse Uniformität bei den Größenmaßen, Farben, Mustern oder Texturen geben muß, wenn man die Installationsteile, Zubehörteile, Materialien und Accessoirs auswählt. Solche Elemente können einen wirkungsstarken Sinn von Kontinuität vermitteln, egal ob das Badezimmer sich an einen spezifischen Stil hält oder eine eklektische Mischung vertritt.

Praktische Überlegungen müssen ebenfalls in Betracht gezogen werden. Vorleger, bequeme Polstersessel, feine Wandverkleidungen und sich bauschende Vorhänge schaffen können traditionellerweise Romantik schaffen, aber die Besitzer sollten sich dessen bewußt sein, daß das Wasser und die Luftfeuchtigkeit gewissen Materialien nicht zuträglich ist.

Gegenüberliegende Seite: IN DIESEM GROSSEN BADEZIMMER IN EINEM VORORT INSPIRIERT DER BOGEN IM MAURISCHEN STIL DAS ROMANTISCHE KASBAH-FLAIR DES RAUMS. DER EFFEKT WIRD DURCH EINE MISCHUNG AUS EINFARBIGEN UND GRÜN UND WEISS GEMUSTERTEN KACHELN VERSTÄRKT, DIE AN DIEJENIGEN ERINNERN, DIE IM NORDAFRIKANISCHEN DESIGN, DAS VON SPANIEN BEEINFLUSST WURDE, POPULÄR SIND. DER BODEN IST MIT WÜSTENFARBENEN KACHELN BELEGT, DEREN EINDRUCK DURCH EINEN KLEINEN ORIENTTEPPICH VOR DER BADEWANNE GEMILDERT WIRD. **Oben:** DIE ÖKONOMIE DER KOMMODEN UND SCHRÄNKE DER AMISH [EINE RELIGIONSGRUPPE IN DEN USA, DIE U.A. ALLE MODERNE TECHNOLOGIE ABLEHNT] STAND PATE FÜR DAS DESIGN DIESES BADEZIMMERS, DAS IN SEINEM STROMLINIENFÖRMIGEN SOCKELWASCHBECKEN, DER UNTEREN WANDVERKLEIDUNG MIT HELLEM HOLZ UND DEN WEISSEN OBEREN WÄNDEN AUCH AUF SKADINAVISCHE EINFACHHEIT HINWEIST. BEIGE BODENKACHELN IN EINEM SUBTILEN WAFFELMUSTER BEWAHREN DIE NEUTRALE FARBPALETTE, WIE DIES AUCH MIT DER WALNUSSKOMMODE DER FALL IST. ABGESEHEN DAVON, DASS IN DIESER HANDTÜCHEN UND BETTWÄSCHE AUFBEWAHRT WERDEN, BILDET DIESE FREISTEHENDE EINHEIT EINE BARRIERE, DIE DIE INTIMSSPHÄRE IN DEN PRIVATEREN BEREICHEN DES BADEZIMMERS AUFRECHTERHÄLT.

Oben: MARIE ANTOINETTE HÄTTE DIESE GUSSEISERNE BADEWANNE MIT IHREM MATTEN SCHWARZEN EXTERIEUR UND DEN VERGOLDETEN FÜSSEN GELIEBT. DAS AUSGESPROCHEN FRANZÖSISCHE FLAIR WIRD DURCH DEN MARMORKAMIN, EINEN ANTIKEN ARMOIRE [IN DEM ELEKTRONISCHE GERÄTE ZUR UNTERHALTUNG VERBORGEN SIND] UND DER TAPETE MIT IHREM ZARTEN, LUFTIGEN DESIGN VERSTÄRKT. DEN GLÄNZENDEN FUSSBODEN ZIEREN ZWEI KLEINE GEKACHELTE FLÄCHEN, DIE WASSERFESTE OBERFLÄCHEN BIETEN UND WIE KLEINE TEPPICHE AUSSEHEN. **Gegenüberliegende Seite:** IN EINEM FRANZÖSISCHEN STIL HERAUSGEPUTZT, DER EIN BAUERNHAUS-PLUS-GARTEN-GEFÜHL IN SICH BIRGT, HAT DIESES BADEZIMMER UNTER ANDEREM EINE BADEWANNE MIT EINER UNGEWÖHNLICHEN GITTERWERKEINFASSUNG. EIN HELLER STOFF MIT AUFGEDRUCKTEN GELBEN UND BLAUEN BLUMEN, DER FÜR DIE VERKLEIDUNG DES WASCHBECKENS, DIE BALLONARTIGEN ROLLOS, DAS FUTTER DES WÄSCHEKORBES UND SELBST FÜR DEN BEZUG DES STUHLS VERWENDET WIRD, TRÄGT ZU DEM PROVENZALISCHEN FLAIR BEI. UM DIE PASTORALE AMBIENCE ZU STEIGERN, WURDEN DIE WÄNDE IN DEM BLASSEN BLAUTON DER EIER EINES [AMERIKANISCHEN] ROTKEHLCHENS GEMALT.

Links: ABGESEHEN VON SEINEM ALTMODISCHEN WASCHBECKEN KÖNNTE DIESES BADEZIMMER LEICHT ALS EIN MIT KUNST ANGEFÜLLTES ENGLISCHES STUDIERZIMMER BETRACHTET WERDEN. AUF EINEM KLEINEN LESESTAND LIEGEN KÜRZLICH ERSCHIENENE ZEITSCHRIFTEN, WÄHREND EIN TISCH MIT EINEM KUNSTVOLLEN VERGOLDETEN POSTAMENT AUSGEWÄHLTE KÄSTCHEN UND FRISCHE SCHNITTBLUMEN ZEIGT. IMPONIERENDE GLASKERZEN-STÄNDER STEHEN IN IHRER VOLLEN GRÖSSE AUF BEIDEN SEITEN DES WASCHBECKENS UND KREIEREN ZUSAMMEN MIT EINER SAMMLUNG DELIKATER FLÄSCHCHEN, DIE MIT VERSCHIEDENFARBIGEN FLÜSSIGKEITEN GEFÜLLT SIND, DAS BILD EINES SCHREINS. BUNTGLASFENSTER, DIE DIE FARBEN DER IN EINEM ELABORIERTEN DESIGN DES NAHEN OSTEN ARRANGIERTEN BODENKACHELN WIEDERAUFNEHMEN, TRAGEN FERNER ZU DER BEINAHE SPIRITUELLEN AMBIENCE DES RAUMS BEI.

Oben: IN EIN BLASSES BLAU GEBADET UND DURCH WEISSE ZIERLEISTEN UNTERSTRICHEN, SIEHT DIESES EXQUISITE BADEZIMMER WIE EIN PAKET VON TIFFANY AUS. DIE TATZENFUSSBADEWANNE, VON EINER STATTLICHEN WÖLBUNG UMFASST, WURDE PASSEND ZU DEN WÄNDEN BEMALT, DIE FÜR DIE VERSCHIEDENEN SAMMLERSTÜCKE EINEN GEDÄMPFTEN HINTERGRUND SCHAFFEN. DAS WASCHBECKEN SITZT IN EINER ALTEN BAR. EIN STUHL AUS KORB UND BAMBUS WURDE MIT EINEM ANTIKEN FRISIERTISCH KOMBINIERT. UND DER TEPPICHBODEN WIRD DURCH EINEN KLEINEN PETIT POINT-TEPPICH AKZENTUIERT.

Unten: AUCH WENN DAS DEKOR DIESES ZU EINEM GÄSTEZIMMER GEHÖRENDEN BADES IRGENDWIE SPARSAM ZU SEIN SCHEINT, SO GEBEN SEINE ANNEHMLICHKEITEN DEM BESUCHER VIEL MEHR ALS EINE KALTE MORGENDLICHE REINIGUNG. DANK DER ERNEUTEN INKARNATION EINER VIKTORIANISCHEN WANNE DURCHZIEHT EIN GEFÜHL DER VERJÜNGUNG DEN RAUM. IN VERBINDUNG MIT EINEM ÜBERGROSSEN MODERNEN SPIEGEL, FRISCHEN WEISSEN TÄFELUNGEN UND VORHANGLOSEN DOPPELTEN FENSTERTÜREN DRÜCKT DAS STÜCK DEM RAUM EIN FRISCHES AUSSEHEN AUF.

Gegenüberliegende Seite: DIE BESITZER EINES GROSSEN HAUSES KONNTEN DER VERSUCHUNG NICHT WIDERSTEHEN, EIN EXTRA SCHLAFZIMMER IN EIN LUXURIÖSES BADEZIMMER MIT EINER TATZENFUSSBADE-WANNE, DIE STOLZ ZWISCHEN ZWEI SIE UMRAHMENDEN, GROSSARTIGEN FENSTERN STEHT, UMZUWANDELN. ZU DEN ANDEREN BEQUEMLICHKEIT ERZEUGENDEN DINGEN GEHÖREN EIN ÜPPIGER ARMSESSEL, MIT HAND-TÜCHERN GEFÜLLTE EINGEBAUTE REGALE UND EIN WUNDERVOLLER BLICK AUF EINEN ENGLISCHEN GARTEN VOLLER FELDBLUMEN. EIN "VERWITTERTER" ANTIKER SPIEGEL, FLANKIERT VON WANDLEUCHTEN DER GLEICHEN ÄRA, VERBINDEN SICH PROBLEMLOS MIT DER ALTMODISCHEN BADEWANNE UND ERZEUGEN MIT IHR ZUSAMMEN EINEN TRADITIONELLEN TON.

Oben: EIN KLEINER HOF VOR DIESEM SOGENANNTEN ELTERNBADEZIMMER BIETET VON DER TRADITIONELLEN GUSSEISENWANNE AUS EINEN WUNDERVOLLEN BLICK AUF EINEN GARTEN. DIE DURCHSICHTIGEN ROLLOS WERDEN SELTEN HERUNTERGELASSEN, AUSSER WENN DIE SONNE ZU STARK IST ODER DER BADENDE DEN BLICK VERSPERREN WILL.

Gegenüberliegende Seite: DIE EKLEKTISCHE MISCHUNG IN DIESEM CHARMANTEN BADEZIMMER WIRKT DANK DES EXTENSIVEN GEBRAUCHS VON DUNKLEM HOLZ, DAS DIE BADEWANNE UMFASST, DEN SPIEGEL UMRAHMT UND DEN BODEN BEDECKT, INSGESAMT TRADITIONELL. ABER EINE TRADITIONELLE STIMMUNG BRAUCHT NICHT GEWÖHNLICH AUSZUSEHEN, WIE DIES DURCH DEN UNGEWÖHNLICHEN SCHLIFF BEWIESEN WIRD, VON DEM DER RAUM VOLL IST. QUADRATISCHE AUSSCHNITTE BILDEN EINEN ORIGINELLEN, INS AUGE FALLENDEN SAUM AN DEM VOLANT, WÄHREND EIN ANDERER, ÄHNLICH AUSSEHENDER STOFF EIN ALTES SOCKELWASCHBECKEN UMKLEIDET. EINE SAMMLUNG VON TONGEFÄSSEN, DIE MAN IN EINEM WOHNZIMMER ZU SEHEN ERWARTETE, STEHT AUF DER BREITEN UMFASSUNG DER BADEWANNE NEBEN FLASCHEN MIT BADEÖLEN—DEN GEWÖHNLICHEREN BEWOHNERN EINES BADEZIMMERS. **Oben:** HIER WURDE EIN WOHNZIMMER NEBEN DEM SOGENANNTEN ELTERNSCHLAFZIMMER IN EIN VERFÜHRERISCHES BADEZIMMER VERWANDELT. MIT SEINEM HOLZBODEN, DEN MIT KETTENSTICH BESTICKTEN TEPPICHEN, DEN GESTRICHENEN HÖLZERNEN LEISTEN, DEM ANTIKEN HOLZSTUHL UND DEN BUNTGLASBILDERN AN DEN WÄNDEN BEHÄLT DER RAUM SEINEN WOHNZIMMERCHARAKTER, WAS IHN ZU EINEM ENTSPANNENDEN ORT FÜR EIN BAD WERDEN LÄSST.

Links oben: FARBE WURDE BENUTZT, UM DIESES EINFACHE BADEZIMMER AUF EINE KOSTENEFFIZIENTE WEISE AUFZUFRISCHEN. DIE WÄNDE UND DAS HOLZ WURDEN IN EINEM REINEN, FRISCHEN WEISS GESTRICHEN, UND EIN BLUMENDESIGN NACH LÄNDLICHER MANIER WURDE IN DER NÄHE DER DECKE MIT SCHABLONE AUFGETRAGEN, WODURCH EIN EFFEKTIVER ERSATZ FÜR EINE LEISTE GESCHAFFEN WURDE. EIN ÄHNLICHES MUSTER WURDE UM DEN RAND DES DUNKELGRÜN GESTRICHENEN BODENS EBENFALLS MIT SCHABLONE AUFGETRAGEN, WAS VERHINDERT, DASS DIESER IN ERSTER LINIE WEISSE RAUM AUSGEWASCHEN ERSCHEINT. DIE VISUELLE MONOTONIE WIRD AUCH DURCH EINE SCHWARZE VASE GEBROCHEN, DIE AM RAND DER BADEWANNE STEHT. **Rechts oben:** UM DIESES BADEZIMMER—SOWOHL PHYSISCH ALS AUCH ÄSTHETISCH - ZU ERWÄRMEN WURDE EIN FARBENREICHER ORIENTTEPPICH ÜBER DIE KERAMIKKACHELN DES BODENS GELEGT. DIE TIEFROTEN FARBTÖNE DES TEPPICHS UND SEINE WEICHE TEXTUR VERBINDEN SICH MIT DEN PRÄCHTIGEN HÖLZERN DES SCHRANKES UND DER WANDVERKLEIDUNG, UM DEN RAUM BEHAGLICHER UND INTIMER ZU GESTALTEN. SCHWARZE UND BEIGE KACHELN UMLAUFEN DEN ÄUSSEREN RAND DES BODENS UND SCHAFFEN DAMIT EINE HÜBSCHE UMRANDUNG FÜR DEN TEPPICH. BERUHIGENDE BLAU-GRAUE DEKORATIVE AKZENTE SCHMÜCKEN DIE DUSCHKABINE, ZU DER AUCH EINE BANK UND EIN SPIEGEL GEHÖREN. **Gegenüberliegende Seite:** UM DIESEM BADEZIMMER DAS ERFRISCHENDE GEFÜHL EINES FRÜHLINGSTAGES ZU GEBEN, WURDE DER OBERE TEIL DER WÄNDE MIT EINER TAPETE MIT EINEM BLAU-CREMEFARBENEN MUSTER TAPEZIERT. DER UNTERE TEIL DER WÄNDE WURDE JEDOCH IN EINEM SOLIDEN WEISS GESTRICHEN, UM SO EINE VISUELLE UNTERBRECHUNG ZWISCHEN DEM AUSGEPRÄGTEN DESIGN DER TAPETE UND DES KACHELBODENS HERZUSTELLEN. EIN EINFACHER DUSCHVORHANG MIT SICH SPALIERARTIG RANKENDEN PFLANZEN UND EIN DAZU PASSENDER VOLANT BIETEN MIT IHREM BLÜTENDESIGN WEITERE BILDER DES FRÜHLINGS - MAN KANN DIE ZARTEN BLUMEN PRAKTISCH RIECHEN.

Gegenüberliegende Seite: DIE AMBIENCE VON RUHE SCHAFFEND, BEFÖRDERT DIESE MODERNE VERSION EINES JAPANISCHEN OFURU DEN BADENDEN IN DEN ORIENT. EIN SHOJI-PARAVANT GIBT, WENN OFFEN, DEN BLICK FREI AUF DAS BERUHIGENDE GRÜN EINES GARTENS UND ERHÄLT, WENN GESCHLOSSEN, DIE INTIMSPHÄRE.

Rechts: DURCH SEIN ERFRISCHEND EINFACHES DESIGN DEMONSTRIERT DIESES BADEZIMMER, WIE DIE NATUR NACH INNEN GEBRACHT WERDEN KANN, SELBST IN EINEN ZWECKMÄSSIGEN RAUM. EINE DEN BLICK FREIGEBENDE GLASWAND BEWIRKT DIE ILLUSION, ALS OB DER VOR IHR LIEGENDE FRIEDVOLLE GARTEN TATSÄCHLICH TEIL DES BADEZIMMERS WÄRE. ZWEI EINANDER GEGENÜBER ANGEBRACHTE SPIEGEL VERVIELFACHEN DIESES BILD, SIE VERMEHREN DAMIT DIE HEITERE GELASSENHEIT UND LASSEN DEN ENGEN RAUM UM EIN VIELFACHES GRÖSSER ERSCHEINEN. DER SCHIEFERBODEN UNTERSTÜTZT WEITER DAS GEFÜHL, ALS OB MAN IM FREIEN WÄRE.

Gegenüberliegende Seite: ALS EINE LIEBHABERIN MODERNER KUNST VERLANGTE, DASS IHR BADEZIMMER DIESE WERTSCHÄTZUNG REFLEKTIERE, STELLTE SICH DER ARCHITEKT DER HERAUSFORDERUNG AUF VERSCHIEDENE WEISE. DIE TÜR, DIE IN DEN RAUM FÜHRT, ERHIELT EIN GITTER, DAS AN PIET MONDRIAN ERINNERT, UND EINE DREIDIMENSIONALE SKULPTUR AUS KLOTZIGEN, FREIFORMATIGEN DREIECKEN WURDE SO POSITIONIERT, DASS SIE ALS DUSCHVORHANG DIENT. DER REST DES RAUMES BLIEB ABSICHTLICH FREI, UM DER "KUNST" ZU ERLAUBEN, SICH HERVORZUHEBEN.

Oben: "MODERN" IST MANCHMAL RELATIV—WIE IN DIESEM FRÜHEN RANCH-HAUS, DAS ZU DER ZEIT, ALS ES GEBAUT WURDE, ALS RECHT MODERN ANGESEHEN WURDE, DAS ABER ÜBER DIE JAHRE HINWEG RECHT VERALTET IST. DIE NEUEN BESITZER BEHIELTEN DIE URSPRÜNGLICHEN INSTALLATIONEN, FRISCHTEN DEN RAUM JEDOCH MIT EINEM GELBEN FARBANSTRICH MIT LEDERARTIGER OBERFLÄCHENBEHANDLUNG AUF, DIE SICH IN DEM HOLZ DER SCHUBLADEN UND LEISTEN WIEDERFINDET. DES WEITEREN WURDEN EIN SCHMALES WEISSES FENSTERROLLO UND EIN PAAR MASSIVE RUNDE SPIEGEL HINZUGEFÜGT.

Oben: MEHRERE EBENEN SCHEINEN IN EINEM BADEZIMMER ANGEMESSEN ZU SEIN, DAS MIT HILFE EINER RIESIGEN RUNDEN UND MIT WINZIGEN STERNEN GESCHMÜCKTEN BELEUCHTUNGSARMATUR EIN HIMMLISCHES THEMA MANIFESTIERT. DIE GLEICHE TRAVERTIN WIRD AUF DEM BODEN, DEN WÄNDEN UND DER BADEWANNENEINFASSUNG VERWENDET, UM EINEN SINN VON KONTINUITÄT ZWISCHEN DEN EINZELNEN EBENEN ZU ERZEUGEN. SCHWARZE AKZENTE IN FORM VON RANDKACHELN, DEKORATIVEN SÄULEN, LEISTEN UND DEM INNEREN DER WHIRLPOOL-BADEWANNE FÜGEN DEM GANZEN EINE DRAMATIK HINZU, DIE EINER INTERGALAKTISCHEN REISE DURCHAUS ANGEMESSEN IST.

Rechts: GLASZIEGEL HABEN EINE RENAISSANCE ERFAHREN, DA SIE DIE INTIMITÄT WAHREN, GLEICHZEITIG ABER LICHTDURCHLÄSSIG SIND. HIER VEBERGEN SIE TAKTVOLL EINE TOILETTE, DIE GESCHICKT VOM REST DES RAUMES ABGETRENNT WURDE. GERÄUMIGE WEISSE KOMMODEN MIT EINER ABDECKUNG AUS SCHWARZEM MARMOR ERMÖGLICHEN ES, DASS DIESE GERÄUMIGE ZUFLUCHTSSTÄTTE ALS ANKLEIDERAUM DIENT UND DAS SCHLAFZIMMER WENIGER RAUM FÜR SCHUBFÄCHER BRAUCHT. EINBAULEUCHTEN ÜBERNEHMEN DIE STELLE AUFFALLENDER LICHTINSTALLATIONEN UND TRAGEN SOMIT ZU DEM GLATTEN AUSSEHEN DIESES ZEITGENÖSSISCHEN RAUMES BEI.

Links: DIE BULLAUGENFÖRMIGEN LAMPEN UND DIE HÖLZERNEN SCHREINERARBEITEN UND LEISTEN WURDEN DURCH EINE LIEBE FÜR BOOTE INSPIRIERT. DAS HOLZ WIRD IN SEINER WIRKUNG DURCH DIE MARMORNE ABDECKUNG DER KOMMODEN UND DIE BODENFLIESEN, DIE ÄHNLICHE, ABER BESTIMMTERE ERDTÖNE HINZUFÜGEN, ERGÄNZT. EINE WAND AUS GLASZIEGELN, DIE MAN IM SPIEGEL ERKENNEN KANN, GIBT DEM RAUMZUSÄTZLICH DIMENSION UND SCHIRMT DEN BADEBEREICH AB. **Gegenüberliegende Seite:** WÄHREND DIE FORM UND ARMATUREN DIESER BADEWANNE TRADITIONELL SIND, LASSEN DEREN FÜSSE AUS ROSTFREIEM EDELSTAHL UND IHRE AUFSTELLUNG MITTEN IM BADEZIMMER KEINEN ZWEIFEL DARAN, DASS DER RAUM JEMANDEM GEHÖRT, DER EINEN SINN FÜR WAGEMUT HAT. EIN LANGER, SCHMALER SPIEGEL, DER UNSICHER AUF EINER SCHMALEN LEISTE ANGEBRACHT IST, VERMEHRT DAS GEFÜHL VON RISIKO, AUCH WENN ER TATSÄCHLICH SICHER DARAN VERANKERT IST. EINBAUSCHRÄNKE OHNE ABLENKENDE GRIFFE FÜLLEN DIE FENSTERWAND AUS.

Rechts: IM OBERSTEN STOCKWERK EINES VON DER AUSSENWELT ABGERIEGELTEN STRANDHAUSES WURDE DIE DUSCHE NUR DURCH ZWEI KURZE WÄNDE AUS MILCHGLAS KNAPP ABGESCHIRMT, DEREN HAUPTFUNKTION ES IST ZU VERHINDERN, DASS WASSER VERSPRITZT WIRD. EIN RIESIGES PANORAMAFENSTER BIETET EINE HERRLICHE AUSSICHT AUF DAS MEER, WÄHREND MAN SICH WÄSCHT.

Farbe Hinzufügen

Die Farbe oder die Kombination von Farben, die für ein Badezimmer ausgewählt wird, ist genauso wichtig für die Erzeugung einer Stimmung, wie der Stil und die Periode der Armaturen und Accessoirs es ist. Zu den Schlüsselentscheidungen gehört, ob man einfarbig (monochromatisch) bleiben oder eine gemischte Palette verwenden soll. Der nächste Schritt ist zu entscheiden, welche Farbe oder Farben man verwenden soll.

Die Hersteller von Gegenständen für das Badezimmer haben so viele verschiedenfarbige Produktpaletten entwickelt, daß es manchmal schwer sein kann, auf eine abzuzielen. Viele dieser Elemente, wie Farben, Tapeten, Handtücher und Accessoirs sind relativ preiswert und lassen sich leicht verändern.

Einer der zeitlosen Favoriten unter den monochromatischen Optionen ist das ganz weiße Badezimmer. Man sehe sich jedoch vor, denn selbst innerhalb der weißen Kategorie gibt es subtile Variationen, die von einem frischen milchigen Weiß bis hin zu einem butterartigen Farbton reichen. Das Mischen der verschiedenen Weißabstufungen verlangt nach einer sicheren Hand, um sicherzustellen, daß die Kombination wie eine absichtliche Wahl und nicht wie ein unglücklicher Fehler aussieht.

Es gibt auch monochromatische Paletten, die Hausbesitzer ansprechen, die etwas mehr Farbe haben wollen. Einige bevorzugen Grün, um die Natur [in den Raum] hereinzubringen, andere Schwarz, um einen Sinn von Drama zu vermitteln, und wieder andere Grau oder Beige, um ein Gefühl von Kultiviertheit einzuflößen.

Für andere wiederum ist das Badezimmer der beste Ort, sich gehen zu lassen und beim Dekorieren etwas Spaß zu haben, indem man viele verschiedene Farben miteinander mischt, die als zu provokativ erachtet würden, wenn sie anderswo in der Wohnung, vor allem in den öffentlicheren Bereichen, vorkämen. In vielen Fällen ist das Kinderbadezimmer das beste Laboratorium, in welchem man zügellos mit Farben experimentieren kann, denn Kinder sind die am wenigsten verklemmten Versuchskaninchen, wenn es zum Mischen und Anpassen kommt.

Gegenüberliegende Seite: UM DAS GEFÜHL ZU SCHAFFEN, ALS WÄRE MAN IN EINEM AQUARIUM, WURDE DIESES BADEZIMMER IN DEN FARBTÖNEN AQUAMARIN UND KÖNIGSBLAU AUSGESCHMÜCKT, DIE IN EINER MISCHUNG GEOMETRISCHER KACHELN AN DER WAND SOWIE AN DEM GESTRICHENEN SCHRANK ERSCHEINEN. EINIGE WENIGE REIHEN GELB MÖGEN SONNE UND SAND BEDEUTEN, JE NACH DEM EIGENEN VORSTELLUNGSVERMÖGEN. BLAUE HANDTüCHER UND DER BLAUE SPIEGELRAHMEN TRAGEN WEITER ZU DER UNTERWASSER-AMBIENCE BEI. **Oben:** DURCH ABWINKELUNG DER DUSCHE UND ABSCHRÄGUNG DES WASCHTISCHES KONNTEN DIE BESITZER DIESES GANZ WEISSEN BADEZIMMERS ALL DAS IN DEN ENGEN RAUM PASSEN, WAS SIE DARINNEN HABEN WOLLTEN. DIE VERWENDUNG VON WEISS AN ALLEM, VOM BODEN BIS ZUR DECKE, VERGRÖSSERT DEN RAUM VISUELL, WIE DIES AUCH DURCH DIE GLASTÜREN DER DUSCHKABINE UND DEN GROSSEN SPIEGEL ÜBER DEM WASCHTISCH GESCHIEHT. SCHWARZE AKZENTE AM RAND DES WASCHTISCHES UND UM DEN RAND DES WASCHBECKENS FÜGEN DIMENSION HINZU.

Unten: ABGENUTZTE HOLZPLANKEN, EIN BLASSES GELB AM OBEREN TEIL DER WÄNDE UND EIN PAAR TUPFER AUS ROSTFREIEM EDELSTAHL TRAGEN DAZU BEI, DAS ANSONSTEN GANZ WEISSE BADEZIMMER WEICHER ZU GESTALTEN. ZARTE WEISSE, GERAFFTE GARDINEN UND EINE KLEINE MATTE FÜGEN DEN ANSONSTEN GLATTEN FLÄCHEN DIESES RAUMES ETWAS TEXTUR HINZU.

Oben: EINE ALTMODISCHE BADEWANNE MIT VERGOLDETEN FÜSSEN WURDE NEBEN EINE GEKURVTE FENSTERWAND GESTELLT, DIE AUF EINE ÜBERDECKTE VERANDA UND DEN DAHINTERLIEGENDEN WALD HINAUSGEHEN UND EINE ANGENEHME AUSSICHT BIETEN. DIE ROSA ANSPIELUNGEN IN DEN ANSONSTEN ZUMEIST WEISSEN BODENKACHELN WERDEN VON DER DECKENLAMPE UND DEN BLUMEN WIEDERAUFGENOMMEN.

Oben: WEISS KOMMT IN VARIATIONEN, DIE VON RUHIG ZU OFFENSICHTLICH REICHEN, UND HIER FÜGT DESSEN SKALA EINEN REICHTUM HINZU, DER DEM RAUM SEIN ELEGANTES UND DENNOCH VON LEBEN ZEUGENDES AUSSEHEN VERLEIHT. DIE PORZELLANBADEWANNE, DER MARMORBODEN, DIE HALBDURCHSICHTIGEN VORHÄNGE, DIE GESTRICHENEN WÄNDE UND DIE SCHRÄNKE GEHÖREN ZU DER KATEGORIE ULTRAWEISS, WÄHREND DER POLSTERSTUHL, DAS TISCHCHEN FÜR EIN GLAS WASSER ODER ZUR ABLAGE EINES BUCHES, DAS SICH NEBEN DER BADEWANNE BEFINDET, DER BADEMANTEL UND EIN ZWANGLOS ÜBER DEN BADEWANNENRAND DRAPIERTES HANDTUCH EINEN HELLEN CREMETON EINFÜHREN. DER HOLZSPIEGEL UND DIE SUBTILE GRAUE MASERUNG DER MARMORNEN AUFLAGE AUF DEN EINBAUSCHRÄNKEN SIND DIE EINZIGEN WIRKLICH NICHT WEISSEN ELEMENTE.

Gegenüberliegende Seite: DIE BESITZERIN DIESER BADEZIMMER-/ANKLEIDE-SUITE HAT STOLZ DER LANDLÄUFIGEN MEINUNG IN BEZUG AUF DAS DEKORIEREN, DASS MAN NÄMLICH IN EINEM KLEINEN RAUM NICHT ZU VIEL FARBE ODER MUSTER VERWENDEN SOLLE, DEN NIMBUS GENOMMEN. ALS ERGEBNIS DESSEN DRÜCKT DER RAUM MIT SEINEN LEBHAFTEN ROT UND WEISS GEMUSTERTEN TAPETEN UND DER DAZU PASSENDEN WASCHBECKENSCHÜRZE UND DEM SITZKISSEN EIN ÜBERSCHWENGLICHES GEFÜHL AUS. **Links oben:** HIER IST DIE STIMMUNG DANK DES ALTMODISCHEN SOCKELWASCHBECKENS MIT SEINEN VERGOLDETEN ARMATUREN, DES ANTIKEN SPIEGELS, DER KOLLEKTION VON KUNSTWERKEN UND KERAMIKEN UND DES AN SCHILDKRÖTENPANZER ERINNERNDEN ANSTRICHS DER OBEREN WÄNDE AUSGESPROCHEN TRADITIONELL. DOCH DIE LIEBE ZUR FARBE WAR ES, DIE ANLASS ZU DEM TIEFEN TÜRKISEN FARBTON AUF DER VERTÄFELUNG UND DER BADEWANNENEINFASSUNG GAB. EIN PREISELBEERENFARBENES HANDTUCH FÜGT DEM GANZEN EINEN FESTLICHEN FUNKEN HINZU. **Rechts oben:** ES WAR EINE SCHWIERIGE AUFGABE, EINE FARBE AUSZUWÄHLEN, DIE DEN REICHTUM UND DIE TIEFE DER MAHAGONI-KABINETTE, DER WASCHTISCHAUFLAGE AUS SCHWARZEM MARMOR UND DER EINFASSUNG DER BADEWANNE RECHNUNG TRAGEN WÜRDE. DER BESITZER DIESES KLEINEN BADEZIMMERS ENTSCHIED SICH FÜR EINEN ROSTIGEN FARBTON MIT EINER MATTEN OBERFLÄCHENGESTALTUNG FÜR DEN UNTEREN TEIL DER WAND UND EINER MARMORISIERTEN OBERFLÄCHENGESTALTUNG FÜR DIE OBERE WAND, IN DIE ETWAS ROSA INTEGRIERT WURDE. JALOUSIEN AM FENSTER GEBEN DEM GANZEN EIN TRADITIONELLES GEFÜHL.

Oben: FARBE KANN SUBTIL SEIN, WIE DIESES IN GRAU UND HELLEM HOLZ GEHALTENE BADEZIMMER ZEIGT. UM EIN BERUHIGENDES GEFÜHL ZU SCHAFFEN, SIND DER BODEN, DIE BADEWANNENUMRANDUNG UND DIE WÄNDE AUS GRAUEM MARMOR, WÄHREND IN EINER LANGEN, SCHMALEN NISCHE GRAU UND WEISSGESTREIFTE HANDTÜCHER ALS EIN LEBENDIGER KONTRAST DAZU AUFBEWAHRT WERDEN. GOLDENE DETAILS AN DER DUSCHESTANGE, DEN TÜRGRIFFEN UND DEN KACHELEINSÄTZEN FÜGEN DEM GANZEN ETWAS GLANZ HINZU.

Unten: UM EIN BADEZIMMER IN EIN STÜCK ABSTRAKTE KUNST ZU VERWANDELN, HAT DER DESIGNER DIE KABINETTE UND SCHUBLADEN DES WASCHTISCHES IN VERSCHIEDENEN ABTÖNUNGEN VON ROT, GRÜN UND OCKER GEBEIZT, WAS DEM RAUM EINEN UNGEWÖHNLICHEN PFIFF VERLEIHT. DER FUSSBODEN WURDE IN EINER DUNKLEN FARBE EINGELASSEN UND DIENT VISUELL ALS ANKERPUNKT, UND DIE BEIDEN GROSSEN SPIEGEL ERHIELTEN ALS KONTRAST EINEN RAHMEN AUS HELLEM AHORNHOLZ. DIE WASCHTISCHOBERFLÄCHE BESTEHT AUS EINEM LANGEN STÜCK GRAUEN MARMORS, DER SICH GUT MIT DEN ANDEREN FARBEN VERMISCHT.

Gegenüberliegende Seite: HIER WURDE EXTENSIVER GEBRAUCH VON SCHWARZ UND WEISS GEMACHT, UM EINEM BADEZIMMER EINES HAUSES, DAS SICH INMITTEN EINES ZERKLÜFTETEN CANYONS BEFINDET, STÄDTISCHE KULTIVIERTHEIT HINZUZUFÜGEN. DIESER SINN VON KONTRAST WIRD WEITER VERSTÄRKT, INDEM DIE SCHWARZEN KACHELN UND AUFLAGEN DER EINBAUSCHRÄNKE MIT DEREM HELLEN HOLZ KONTRASTIEREN. DIE FENSTER MIT IHREM METALLRASTER, STEIGERN DAS STÄDTISCHE GEFÜHL TROTZ DER TATSACHE, DASS MAN AUF EINE NICHTSTÄDTISCHE LANDSCHAFT HINAUSBLICKT.

Rechts: WEISS UND SCHWARZ ERZEUGEN EINE ZEITLOSE KOMBINATION IN DIESEM BADEZIMMER, DAS EIN BISSCHEN DAS FLAIR VON ART DECO MIT SICH BRINGT. DER SCHWARZE MARMOR AUF DEM BODEN BILDET DEN ANKERPUNKT DES GROSSEN RAUMES, UND ER WIEDERHOLT SICH AUF DER SCHRANKAUFLAGE. EIN SCHACHBRETTMUSTER ZIEHT SICH DEM GEKRÜMMTEN FUSSBODEN DER DUSCHE ENTLANG, WÄHREND EINE LINIE VON KAROS AN DEN DUSCHWÄNDEN, UNTER DEM FENSTER UND UM DIE WHIRLPOOL-BADEWANNE HERUM LÄUFT UND DEM RAUM EIN BISSCHEN SCHWUNG HINZUFÜGT.

Oben: DIE LIEBE ZUR MODERNEN KUNST HAT DIE VERWENDUNG ABSTRAKT BEMALTER KACHELN FÜR DEN BODEN UND EINE WAND EINER DUSCHE MIT GLASTÜR INSPIRIERT. DER EFFEKT ERINNERT AN EIN GEMÄLDE VON JACKSON POLLACK. INDEM DIE ANDEREN WÄNDE IN EINEM SCHLICHTEN GRAU GEKACHELT WURDEN UND EIN EINFACHES SOCKELWASCHBECKEN GEWÄHLT WURDE, HABEN DIE BESITZER ES VERHINDERT, DASS DER RAUM ZU ÜBERWÄLTIGEND WIRD.

Oben: IN DIESEM BADEZIMMER EINES ETWA ZEHN- BIS ZWÖLFJÄHRIGEN KINDES WIEDERHOLT SICH EIN BUNTES FISCHMOTIV AUF DEM DUSCHVORHANG UND DEM TAPETENABSCHLUSS ÜBER DER DUSCHKABINE. DIE EINFASSUNG DER DUSCHE IST IN EINEM PRÄCHTIGEN BLAUGRÜN GESTRICHEN, DAS AN DIE WASSER DER KARIBIK ERINNERT, UND DIE PHALANX AN HANDTÜCHERN VEREINIGT ALL DIE FARBEN DER TAPETE, DES DUSCHVORHANGS UND DES KLEINEN TEPPICHS.

Unten: DIESES REIZENDE BADEZIMMER, DAS FÜR ZWEI JUNGE, SICH ENTFALTENDE BALLERINAS ENTWORFEN WURDE, HAT GROSSE DURCHHALTEKRAFT UND WIRD NOCH IN JAHREN, WENN DIE MÄDCHEN ÄLTER SIND UND SICH IHRE INTERESSEN GEÄNDERT HABEN, WEITERHIN ANGEMESSEN SEIN. DER GRAU-WEISSE SCHACHBRETTARTIGE BODEN WIRKT RECHT ERWACHSEN, WIE AUCH DIE DIAGONAL GESTREIFTE KASTANIENBRAUNE TAPETE. DAS EINZIGE, DAS WIRD MODIFIZIERT WERDEN MÜSSEN, SIND DIE HANDTÜCHER UND DER STUHL.

Oben: VIELE HERSTELLER BIETEN WASCHBECKEN IN WACHSMALSTIFTFARBEN AN, DIE KINDER LIEBEN. HIER BELEBT EIN LEUCHTENDES ROT EIN TRADITIONELLES WASCHBECKEN MIT NICHT ZUSAMMENPASSENDEN ARMATUREN. UM DEM GANZEN NOCH ETWAS SCHWUNG ZU VERLEIHEN, WURDE DER BODEN MIT KACHELN BELEGT, DIE MIT IHRER WILDEN MISCHUNG AUS FARBEN UND MUSTERN EINE VERRÜCKTE COLLAGE ERGEBEN. DIE MUTIGE MÉLANGE GEREICHT JUNGEN BENUTZERN SICHERLICH ZUM VERGNÜGEN WIE AUCH IHREN ELTERN, DIE DEREN FÄHIGKEIT, SCHMUTZ ZU VERBERGEN, SCHÄTZEN WERDEN.

Der Kurort im Eigenen Haus

Wenn die Raumfrage kein Problem und das Budget großzügig ist, dann sind den Möglichkeiten, die heute zur Verfügung stehen, ein Badezimmer zu dekorieren oder zu renovieren, keine Grenzen gesetzt. Viele übergroße Badezimmer werden als "Spas" bezeichnet, weil diese Räume höchsten Komfort und genüßliche Freuden versprechen. Oftmals schließen sie Annehmlichkeiten ein, die man in wohlausgestatteten Fitneßclubs findet, womit sie die Möglichkeiten und den Luxus der Außenwelt ins eigene Heim bringen.

Die elaborierteren dieser Heim-Spas haben abgeteilte Toiletten für "Ihn" und fÜr "Sie", zwei Waschtische mit großzügigem Schubladenplatz zum Aufbewahren von Gegenständen, eine auf ein Podest erhobene oder in den Fußboden versenkte Badewanne, eine begehbare Dusche mit vielfältigen Wassereffekten, Fitneßgeräte, Ankleidebereiche und manchmals sogar eine Sauna. Wenn der Platz groß genug ist, verwandeln manche Leute diese Räume in etwas, was eher einem Wohnzimmer mit bequemen Sitzgelegenheiten, und Unterhaltungsgeräten wie Fernseher und Stereoanlagen und selbst kleinen Kühlschränken gleichkommt. Die beneidenswertesten Beispiele präsentieren sich stolz mit dem zusätzlichen Luxus, daß sie sich auf eine Veranda oder zu einem Hof hin öffnen.

Ein Teil des Geheimnisses vieler dieser Räume findet sich in den Details, nicht nur in den Annehmlichkeiten, denn sie bieten jenen individuellen Designstempel, der unter der Bezeichnung "Panachage" [Pracht; wirkungsvolles Auftreten] bekannt ist. Solch dekorative Hilfsmitel können vergoldete Armaturen zugunsten eines sehr luxuriösen Aussehens, eine Ansammlung üppiger Pflanzen zur Schaffung einer Oase im Eigenheim oder verwirrend schöne Akzente an den Kacheln zur Hinzufügung von etwas falschem Glanz einschließen. Zusammengenommen, können die richtigen Installationsteile und Details den Effekt haben, daß einem der Mund vor Staunen offen stehenbleibt.

Gegenüberliegende Seite: MIT IHREN FRANZÖSISCHEN FLÜGELTÜREN, DIE SICH AUF EINE VERANDA MIT BLICK AUF DEN WALD ÖFFNEN, BIETET DIESE "SPA-HAFTE" BADEWANNE MIT WHIRLPOOL-DÜSEN DEM BADENDEN DAS GEFÜHL, ALS NÄHME ER DAS BAD IM FREIEN. VON DEN GLEICHEN RUSTIKALEN ZIEGELSTEINEN EINGEFASST, DIE FÜR DIE ZU DEM HAUS GEHÖRENDEN GARTENWEGE VERWENDET WURDEN, SUGGERIERT DIE WANNE NOCH STÄRKER, DASS ES SICH HIER UM EINEN ERHOLUNGSORT IM FREIEN HANDELT. **Oben:** BEHAGLICH ZWISCHEN ZWEI IDENTISCHEN WASCHTISCHEN RUHEND, BESCHWÖRT EINE WHIRLPOOL-BADEWANNE MIT IHRER LUXURIÖSEN EINFASSUNG AUS MARMOR UND DEN GOLDENEN ARMATUREN DAS BILD EINES ALTEN RÖMISCHEN BADES. ZU DEN ZEITGENÖSSISCHEN ANNEHMLICHKEITEN GEHÖREN DER TEPPICHBODEN, EIN GROSSES PANORAMAFENSTER OHNE VORHÄNGE, GUTE KÜNSTLICHE BELEUCHTUNG, GROSSZÜGIGE UNTERBRINGUNGSMÖGLICHKEITEN UND EINE RUSTIKALE HOLZDECKE MIT DEKORATIVEN BALKEN.

Oben: INDEM ES SEIN STICHWORT VON DEN ZERKLÜFTETEN HÜGELN IN DER UMGEBUNG BEZIEHT, PRÄSENTIERT SICH DIESES DRAMATISCHE "SPA" IN EINER MISCHUNG ERDHAFTER MATERIALIEN: MARMOR IN DUNKLEN FARTÖNEN VON BRAUN UND BLAU, BLAU-GRAUER BETON UND MILCHGLASKACHELN. DIE ÜBERGROSSE BADEWANNE/DUSCHE HAT EINE MENGE VON HÄHNEN, ARMATUREN FÜR DAMPF UND HANDDUSCHEN, SO DASS DER BADENDEN EINE WAHL DES WASSEREFFEKTS HAT—VON SO FEIN WIE NEBEL BIS ZU DURCHNÄSSEND WIE EIN REGEN IM DSCHUNGEL. DAS SPITZE DACH MIT SEINEN GLASEINSÄTZEN BRINGT STRÖME VON LICHT HEREIN.

Gegenüberliegende Seite: "EINMALIG" LAUTET DAS WORT, DAS DIE MEISTEN VERWENDEN, WENN SIE DIESES UNTERTEILTE BADEZIMMER SEHEN, DAS IN EINEN WARMEN MEHRFARBIG BRAUNEN MARMOR GEHÜLLT IST, DER DEM RAUM SEINE EINHEIT VERLEIHT. EINE GEKURVTE WAND AUS GLASZIEGELN FUNKTIONIERT ALS ZWISCHENWAND ZWISCHEN DEM ANKLEIDEBEREICH UND DEN EHER ELEMENTAREREN TEILEN DES BADEZIMMERS, WOBEI EINE ÄHNLICHE BARRIERE DIE DUSCHE VON DER TOILETTE TRENNT. SCHWINGTÜREN ERINNERN AN DIEJENIGEN, DIE IN ALTEN SALOONS ZU FINDEN WAREN, UND GEBEN DEM RAUM EIN WESTERN-GEFÜHL.

Unten: IN EINE GROSSE ECKE GEPACKT, WURDE EINE WHIRLPOOL-BADEWANNE ERHÖHT, DAMIT DER BADENDE DEN BLICK DURCH EINE REIHE GROSSER, VORHANGLOSER FENSTER BESSER GENIESSEN KANN. ÜBER DIESEN LIEGENDE ZUSÄTZLICHE FENSTER BRINGEN WILLKOMMENES LICHT IN DIESEN RAUM MIT SEINER HOHEN DECKE, DER MIT SEINEM BLAU UND WEISSEN FARBSCHEMA DEN EINDRUCK ERWECKT, ALS WÜRDE MAN IN DER SEE BADEN.

Oben: DIESER ÜBERGROSSE WHIRLPOOL IST DAS GEGENSTÜCK ZU DER SICH IM FREIEN BEFINDENDEN BEHEIZTEN WANNE. IN DER LAGE, MEHRERE BADENDE GLEICHZEITIG AUFZUNEHMEN, BEFINDET SIE SICH IN EINEM GEMÜTLICHEN ALKOVEN UNTER DER SCHRÄG HERABFALLENDEN DECKE, GERADE UNTERHALB DES KONVERSATIONSBEREICHES IM AUFENTHALTSRAUM EINER FAMILIE. EIN OBERLICHT BADET DEN RAUM IN SONNENLICHT, WÄHREND NATÜRLICHE HOLZBÖDEN UND -DEKORATIONEN DAS DESIGN VERVOLLSTÄNDIGEN.

Unten: MIT HILFE EINES AUS ELEGANTEM TEAK GEARBEITETEN FREISTEHENDEN WASCHTISCHES WURDE AUF EINEM EINZIGEN RAUM EIN BADEZIMMER FÜR "SIE" UND EIN BADEZIMMER FÜR "IHN" HERAUSGEMEISSELT. EIN RIESIGER SPIEGEL IN EINEM GEWAGTEN SCHWARZEN RAHMEN, DER EINEN HAUCH VON ZEITGENÖSSISCH ORIENTALEM GESCHMACK VERSTRÖMT, BIETET JEDER SEITE EIN GEWISSES MASS AN INTIMITÄT, OHNE DIE KOMMUNIKATION ZWISCHEN DEN BEIDEN SEITEN ABZUSCHNEIDEN. EIN STUHL UND TISCH VON ALVAR AALTO MACHEN ES MÖGLICH, DASS DIE BEIDEN BENUTZER EINANDER GEMÜTLICH GESELLSCHAFT LEISTEN. EIN RUNDES OBERLICHT BRINGT NATÜRLICHES LICHT HEREIN.

Oben: DIESES GERÄUMIGE BADEZIMMER, DAS SO GROSS IST, WIE VIELE SCHLAFZIMMER ES SIND, ZEICHNET SICH DURCH BESTIMMTE BEREICHE FÜR DAS BADEN, DAS DUSCHEN UND DAS SICH SCHÖNMACHEN AUS. EIN ÜBER DEN KÖPFEN ANGEBRACHTER FERNSEHER ERLAUBT ES DEN BENUTZERN, SICH DIE NACHRICHTEN ODER IHR LIEBLINGSPROGRAMM ANZUSEHEN, UND EIN ÜBERAUS EFFIZIENTER, WENN AUCH MINIMALISTISCH AUSSEHENDER STÄNDER BIETET PLATZ FÜR DIE FERNBEDIENUNG SOWIE HANDTÜCHER UND EIN TELEFON. AUFGRUND DES VORNEHMLICH SCHWARZ-WEISSEN FARBSCHEMAS WIRKT DER RAUM KÜHL UND SCHNITTIG.

Gegenüberliegende Seite: ALS EIN ECHTES BADEZIMMER-REFUGIUM ENTWORFEN, IST DIESER RAUM DEN MEISTEN ANDEREN AUFGRUND SEINES AVANTGARDE DESIGNS UM LICHTJAHRE VORAUS. DIE BEIDEN WASCHTISCHE BIETEN EINE AUFREGENDE GEGENÜBERSTELLUNG, WOBEI EIN WASCHBECKEN AUS DER WAND HERVORTRITT UND DAS ANDERE IN EINEN TISCH MIT GLASPLATTE VERSENKT IST. EINE IN DEN SCHIEFERBODEN EINGELASSENE BADEWANNE LÄDT ERSCHÖPFTE KÖRPER EIN, SICH EINFACH IN DAS WOHLTUENDE NASS FALLEN ZU LASSEN, UND EIN SICH IN DER NÄHE BEFINDENDER BEHEIZTER HANDTUCHHALTER MACHT ES EINEM LEICHTER, AUS DEM WASSER ZU STEIGEN, WENN DIE WIRKLICHE WELT RUFT. **Oben:** AUCH WENN DIESES LUXURIÖSE BADEZIMMER FÜR ZWEI PERSONEN AUF DEN ERSTEN BLICK EINE PERFEKTE SYMMETRIE ZU ZEIGEN SCHEINT, SO GIBT ES TATSÄCHLICH AUFGRUND DER VERSCHIEDENEN BEDÜRFNISSE DER JEWEILIGEN PARTEIEN GANZ SUBTILE UNTERSCHIEDE IN DER KONFIGURATION DER EINBAUSCHRANKEINHEITEN. ZU DEN ANDEREN ÜBERRASCHUNGSELEMENTEN GEHÖREN DIE ERHÖHTEN WASCHTISCHABLAGEN, DIE EINEN VOLLEN BLICK AUF DIE WASCHBECKEN ERLAUBEN, INDEM SIE SIE ALS RIESIGE GLASSCHÜSSELN ERSCHEINEN LASSEN, DIE OBEN AUF DEN KABINETTEN UND SCHUBFÄCHERN AUFSITZEN. VERSENKTE LICHTQUELLEN ERHALTEN DIE ELEGANTE WIRKUNG DES BEREICHS, DER DURCH DIE ÜBERREICHE VERWENDUNG VON GLAS ERZIELT WURDE.

Unten: GERADE DIE RICHTIGE MENGE HOLZ WURDE IN DIESEM SOGENANNTEN ELTERNBADEZIMMER VERWENDET, UM EIN GEFÜHL VON WÄRME UND DAUERHAFTIGKEIT ZU SCHAFFEN, OHNE DASS DER RAUM DABEI ZU DUNKEL ODER UNHEILKÜNDEND AUSZUSEHEN SCHEINT. DIE DUNKLEN HOLZEINFASSUNGEN UND -BALKEN UND -SCHRÄNKE WERDEN DURCH DAS SANFTE GRAU DES MARMOR AUSGEGLICHEN, DER FÜR DIE SCHRANKAUFSÄTZE, DEN SPRITZSCHUTZ HINTER DEN WASCHBECKEN, DIE UMRAHMUNG DER BADEWANNE UND FÜR EINGEBAUTE FÄCHER VERWENDET WURDE. EINE VERSPIEGELTE WAND UND UNVERKLEIDETE FENSTER ÖFFNEN DEN RAUM UND VERHINDERN, DASS ER ZU ÜBERLADEN ERSCHEINT, WENN BEIDE PARTEIEN ANWESEND SIND.

Oben: ANSTELLE ES FÜR PFLANZEN ZU VERWENDEN, WURDE EIN TREIBHAUS NACHTRÄGLICH AUSGESTATTET, DAMIT ES EINEN GROSSEN WHIRLPOOL AUFNEHMEN KONNTE. EINE WEISSE BADEWANNE, WEISSE KERAMIKKACHELN UND WEISSE LEINENROLLOS GEBEN DEM GANZEN EIN FRISCHES AUSSEHEN. DER STUHL MIT SEINEM AUFGEMALTEN GESICHT UND DEN FLÜGELN FÜGT ALL DEM ETWAS HUMOR HINZU. **Gegenüberliegende Seite:** EINIGE BESITZER ZIEHEN ES VOR, IHREN WHIRLPOOL TEIL IHRES SCHLAFZIMMERS SEIN ZU LASSEN. HIER WURDE EINE GARTENOASIS UM DEN BADEBEREICH GESCHAFFEN, WÄHREND DER SCHLAFBEREICH (DER SICH IM SPIEGEL WIDERSPIEGELT) IN RUSTIKALES HOLZ GEHÜLLT IST, DAS IN FORM VON WANDVERKLEIDUNGEN, PFOSTEN UND MÖBELN ERSCHEINT. HÖLZERNE DECKENBALKEN VERBINDEN DIE BEIDEN RAUMTEILE, WÄHREND EIN OBERLICHT UND ZAHLREICHE FENSTER DEN GANZEN RAUM HELL UND LUFTIG HALTEN.

Oben: DIESES BADEZIMMER ZIEHT DEN GRÖSSTMÖGLICHEN VORTEIL AUS DER ÜPPIGEN GARTENLANDSCHAFT DES ANWESENS. DIE WHIRLPOOL-BADEWANNE UND DIE DURCH GLASTÜREN ZU BETRETENDE DUSCHE LIEGEN VORNE HINTER EINER RIESIGEN GLASSCHEIBE, DIE AUF EINEN WOHLABGESCHIRMTEN HOF HINAUSGEHT. DIE ERDHAFTEN FARBTÖNE DES TOILETTENTISCHES UND DER METALLISCHEN KUPFERFLIESEN, DIE SICH UNREGELMÄSSIG ÜBER BODEN, WÄNDE, BADEWANNE UND DUSCHE VERTEILEN, KOMPLEMENTIEREN DEN BLICK NACH DRAUSSEN.

Unten: OHNE VORHÄNGE ODER IRGENDEINE FESTE UNTERTEILUNG WERDEN DUSCHE UND BADEWANNE IN DIESEM RELATIV ENGEN "SPA" DURCH EINE EINZIGE STUFE GETRENNT. EINE ANSAMMLUNG VON TERRAKOTTAKACHELN UMHÜLLT DEN RAUM, DER EIN ABSOLUT OSTASIATISCHES GEFÜHL VERSTRÖMT. DIE UNTERSCHIEDLICHEN FORMEN UND GRÖSSEN DER KACHELN GEBEN DEM MONOCHROMATISCHEN RAUM VIELFALT UND TEXTUR.

Oben: DIESES BADEZIMMER MAG WOHL KLEIN SEIN, ABER SEINE GENÜSSE WERDEN DURCH EINE SICH IHM ANSCHLIESSENDE VERANDA VERDOPPELT. NACHDEM SIE EINIGE SONNE AUFGESAUGT HABEN, KÖNNEN DIE BENUTZER SICH NACH INNEN VERZIEHEN UND INMITTEN EINER WEISSEN KACHELOASE, DIE MIT DEM GLEICHEN NATÜRLICHEN HOLZ WIE DIE VERANDA AUSGESTATTET IST, DUSCHEN ODER EIN BAD NEHMEN.

Quellennachweis

Belgien

AL-AL N.V.
34 De Beughemlaan
1880 Kapelle-op-den-Bos

Detremmerie Gebr Nv
153 Spijkerlaan
8791 Beveren

Sani Deco SA
6 Industriezone
9600 Ronse

Dänemark

Jorgen Schmidt Trading A/S
7 Toftebakken
3460 Birkerod

Dansani A/S
Neils Bohrs Vej 10
6100 Haderslev

E.J. Badekabiner A/S
Strettrupwej 3
8722 Hedensted

Deutschland

Welle Möbel GmbH
Wollmarktstr. 121
33098 Paderborn

Twick & Lehrke GmbH
Hülsbrockstr. 81-87
33334 Gütersloh

Reichel KG
Kreutzstr. 19
35232 Dautphetal

Sanha Kaimer KG
Im Teelbruch 78
45219 Essen

HDT H.D. Thiemann
Wenninweg 63
48161 Münster

Sieper Werke GmbH
Glück Auf Str. 36
57271 Hilchenbach

Burg Bademöbel GmbH
57392 Smallenberg

Allibert GmbH
Friesstr. 26
60388 Frankfurt

Dresen Bademöbel GmbH
Güterbahnhofstr. 17a
66740 Saarlouis

Roman Dietsche KG
Talstr. 13
79674 Todtnau

Pana Werk Steiinberger KG
Faulhaberstr. 1
82515 Wolfratshausen

Ikea Einrichtungs GmbH
Liebigstr. 1
85386 Echingen

Fackelmann GmbH & Co.
Werner v. Siemens str. 6
91219 Hersbruck

Sanipa GmbH
Berolzheimer Str. 6
91757 Treuchtlingen

Schock Bad GmbH
Ansbacher Str. 48
91757 Treuchtlingen

Österreich

Sanit Handelsgesmbh
Dr. Barilits Gasse 2-4/8
1230 Wien

Peter Friedl
Furthofer Str. 1
3192 Hohenberg

Fackelmann Gesmbh & Co.
Grillparzerstr. 66
4020 Linz

Höcketstaller Gesmbh & Co.
Innsbrucker Bundesstr. 40
5020 Salzburg

Christa Anton
Eugen Getzner Str. 12
6710 Nenzing

Frankreich

Acryl Vallee
9r Malraux
10000 Troyes

Sanitaire Equipement
24 av Danemark
37100 Tours

GODONNIER SA
ZI Le Bayon
42150 La Ricamarie

GENTE MEUBLES
Bar le Duc
55300 Chauvoncourt

SOVEMA
40r Pre Gaudry BP 7094
69007 Lyon Cedex 7

DECOTEC
3 bd Voltaire
75011 Paris

SOGEPROVE
56bd Portelette
80010 Abbeville

ITALIEN

K STYLE
150, V. SCORTICABOVE
00156 Roma

LOVERRE & C.S.N.C.
14, v. A. De Casperi
20094 Corsico (MI)

ALL. PE SRL
48, IV Novembre
25069 Sarezzo (BS)

A.S.D.
11, v. Dei Rivi
29920 Gossolengo (PC)

CERAMICA DOLOMITE S.P.A.
160 v. C. Infer.
32028 Trichiana (BL)

ELLEDUE S.R.L.
48, v1. L. Zanussi-Maron
33070 Brugnera (PN)

KRISTALLUX S.P.A.
6 V. Dell Artigianato
35012 Camposampiero (PD)

BIANCHI E. FONTANA S.R.L.
50. v. Speranza
40068 S.Lazzaro d.S (BO)

M.S.A.DI FERRARA G. & C. SNC
loc. il Casone
53035 Monteriggioni (SI)

METAFORM LUCCHESE SPA
20. v. per Camaiore
55064 Monsagrati (LU)

ABRUZZO BAGNO ARREDI SNC
75, v. Matteotti
64029 Silvi Marina (TE)

HINWEIS:
Ein Architekten und Lieferantenverzeichnis über Direktquellen aus den USA und Kanada kann mit weiteren, kostenlosen Informationen angefordert werden, von:

Mundus Verlag GmbH
Abt. Leserservice
Postfach 185508
45205 Essen

Bitte angeben, wo und wann Buch erworben wurde, da sonst kein kostenloser Leserservice möglich ist.

BILDERNACHWEIS

© Richard Bryant/Arcaid: 19, 48 links, 51 rechts

© Phillip Ennis Photography: 9, 22 links, 50

© Feliciano: 12, 25

© Tria Giovan: 2, 16, 18, 20, 21 rechts, 29, 34, 57 links

© Nancy Hill: 13, 37, 41, 58, 62 links

© Simon Kelly/Arcaid/Belle: 28

© David Livingston: 14, 15, 22 rechts, 36 rechts, 38, 42, 43, 44, 45 links, 47, 52 links, 53 links, 54-55, 59, 61, 65

© Michael Mundy: 30, 31, 36 links, 51 links

© David Phelps: 7, 26, 33, 63 oben

© Eric Roth: 10, 56

© Tim Street-Porter: 17 rechts, 21 links, 24, 32 oben (Grundstück: Kent Architects, Perth, Australien), 39 (Richard Neutra, Architect), 40, 52 rechts, 60, 66 rechts, 67

© Brian Vanden Brink: 17 links, 27, 35, 48 rechts, 62 rechts

© Dominique Vorillon: 23, 32 unten, 45 rechts, 46, 49, 63 unten, 64, 66 links, 68, 69 beide

© Paul Warchol: 6

INDEX

Ankleidebereich, 59, **61**

Bäder, öffentliche, 7
Badezimmer
[sog.] Eltern-, 8, 10
im Freien, 10
Gäste, 10
in Schwarz, **53**
in Weiß, **18**, **36**, 47, **47**, **48**, **49**
Badewanne
Plattform, 27, 59, **62**, **69**
Tatzenfüße, 27, **28**, **31**, **33**, **45**, **48**
versenkt/eingelassen in Boden, 59, **64**
Whirlpool, 8, **42**, **55**, **58**, **59**, **62**, **66**, **67**, **68**
Beleuchtung, 10, **33**
bullaugenförmig, **45**
himmlisches Thema, **42**
Kristallleuchter, **17**, **25**
versetzt, **43**, **65**
Brauseköpfe, 8, **60**

Computerprogrammieren, 11

Design,
französisch, **28**, **29**
japanisch, **38**
modern, 27
nordafrikanisches, **26**
skandinavisches, **27**
Wohnzimmer, **35**, 59
Duschkabinen, 8, **36**, **45**
begehbar, 59
aus Glas, **47**, **54**, **68**
Duschvorhänge, **37**, **40**, **56**

Ebenen, mehrere, **42**

Farbe, 46–57
Fenster, 10, **33**, **45**, **48**, **53**
Buntglas, **30–31**
Oberlicht, **62**, **63**, **67**
Panorama, **59**
vorhanglos, **62**, **66**, **68**
Ferner Osten, Stil, 11, **38**, **63**, **59**
Fernsehen, 10, 59, **63**
Fotos, **13**, **24**
Freien (im), 8, 27, **38**, **39**, 59
Decks, **58**, **69**
Höfe, **32**, **68**
Frittenporzellan, Toilettentank aus, 8
Fußböden
schwarzer Marmor, **54**
Orientteppiche, **24**, **36**
Schiefer, **39**
Teppichboden, **59**

Gästebadezimmer, 10
Glaswanddesign, 8, 27, **39**
Glasziegel, 7, **43**, **45**, **54**, **60**, **61**

Handtuchhalter, beheizt, 10, **64**

Installationsteile, mehrfache, 8, 59, **59**, **64**, **65**, **66**

Kacheln, **9**, **20**, **22**, **36**
abstrakte, **54**
akzentuierte, 59
Collage, **57**
geometrische, **46**
nordafrikanische, **26**
Terrakotta, **69**
Kamine, **28**
Kinderbadezimmer, 10, **56**, **57**
Kleine Räume, 12–25
Krug und Schüssel, 7, **19**
Kühlschrank, 59
Kunstdesign, zeitgenössisches, **40**

Luftfeuchtigkeit, 27

Monochromatisches (einfarbiges) Farbschema, 47

Nachttopf, 7
Neugestaltung, 7

Oberlicht, **62**, **63**, **67**
Ökonomie, 7

Pflanzen, 11, 59, **58**, **67**

Ressourcen, 11
Rostfreier Edelstahl
Schüssel, **14**
Toiletttisch, **7**

Sammlungen
von Flaschen, **18**
von Keramik, **34**
von Kunstwerken, **51**
von Pferdedrucken, **50**
Saunas, 59
Schrank (auch Kabinette, Kommoden)
Ahorn, **15**
bemalt/gestrichen, **46**, **52**
hölzern, **21**, **27**, **45**
Mahagoni, **51**
Schrankaufsätze
Glas, **65**
schwarzer Marmor, **22**, **51**, **54**
Sitzgelegenheit, 8, 59
Spiegel, 17, 41, 44, 63, 66
antik, **51**
sich nicht beschlagend, 10
geometrisch, **21**
Halbmond, **6**
für räumliche Illusion, **23**, **39**, **47**
Stereo
Ausrüstung, **28**, 59
System, 10, 59
Studierzimmerdesign, englisches, **30–31**

Tapeten, **10**, **25**, **50**
Trompe d'oeil, **10**
Telefone, 10, **63**
Toiletten
Außen-, 7
Frittenporzellantank, 8
für Ihn/Sie, 59
Gäste, **9**, 10, 13
Trainingsgerät, 8, 59
Treibhausdesign, 66
Türen, schwingend, **60**

Waschbecken, 7
am Eingang, **17**
Farben von, **57**
auf Glas, **65**
Sockel, **23**, **51**
(maßstabgerecht) verkleinert, **16**
Wasserhähne
von Krankenhauszulieferer, **23**
nicht zusammenpassend, **57**
vergoldet, **51**, 59
Wasserversorgung im Haus, 7, 8
Whirlpool-Badewanne, 8, **42**, **55**, **58**, **59**, **62**, **66**, **67**, **68**
Wohnzimmerdesign, **35**, 59